Liebe Eltern, liebe Kinder!

Knüllen, Kleben, Reißen, Malen ...

das alles darf bei den vielen lustigen und vor allem kinderge-
rechten Ideen für Fensterbilder in diesem Buch gemacht werden!
Ganz leicht entstehen so mit kleinen, aber auch mit großen Hän-
den putzige Fensterbilder, die Spaß machen.

Zu jeder Jahreszeit freut sich ein Motiv auf seine Bastler. So lassen
sich im Frühling Schnecken und Schäfchen entdecken, im Sommer
grüßen eine fröhliche Sonne und bunte Fische, im Herbst warten
vorwitzige Igel und eine liebe Eule und im Winter kommt ein herziges
Rentier vorbei.

Die niedlichen Modelle sind abwechslungsreich mit unterschied-
lichen, leicht handhabbaren Materialen gestaltet, darunter Perlen,
Wolle, Chenilledraht, Farben und Papier. Zudem werden unter-
schiedliche Techniken wie Kartoffeldruck und Abziehtechnik vor-
gestellt, an denen Kinder sich ausprobieren und verwirklichen
können.

Ich wünsche Ihnen und Ihren Kleinen ebenso viel
Spaß und Freude beim Basteln, wie ich bei meinen
Entwürfen hatte.

Ihre

Johanna Krohn

Grundkurs Vorlagen abpausen

Grundmaterial

- Transparentpapier
- Tonkarton
- Bleistift HB
- Schere

1. Das Transparentpapier auf die Vorlage legen. Mit einem Bleistift die Motivkonturen nachzeichnen und so auf das Transparentpapier übertragen. Jedes Motivteil einzeln abpausen. Dafür das Transparentpapier entsprechend versetzen oder ein neues Stück verwenden.

2. Das Transparentpapier umdrehen, auf den entsprechenden Tonkarton legen und alle Linien mit einem Bleistift so kräftig nachziehen, dass die Konturen gut durchdrücken.

3. Die Formen sind nun in Kontur seitengleich auf buntem Tonkarton abgebildet und werden entlang der Umrisse mit einer Schere ausgeschnitten.

Wird das Motiv mehrmals benötigt, stellt man am besten eine Schablone her. Dafür die Vorlagen wie oben beschrieben auf Transparentpapier mit Bleistift abpausen und ausschneiden. Das Motiv dann auf einen festen Tonkarton kleben und wiederum ausschneiden.

Grundkurs Fensterbilder

Grundmaterial

- Tonkarton in verschiedenen Farben
- Wackelaugen
- Filzstift in Schwarz
- Klebstoff
- Bleistift HB
- Schere

1. Die Motivteile des ausgewählten Fensterbildes erst mit Bleistift vom Vorlagenbogen auf das Transparentpapier übertragen. Das Transparentpapier umdrehen und nun die jeweiligen Motivteile auf die entsprechende Farbe des Tonkartons abpausen. Alle Elemente des Fensterbildes entlang der Konturen ausschneiden.

2. Die Einzelteile des Fensterbildes zum Gesamtmotiv mit Klebstoff zusammenkleben. Dabei die Zeichnung auf dem Vorlagenbogen und das Foto bei der Bastelanleitung als optische Hilfestellung verwenden.

3. Die Wackelaugen aufkleben, das Motiv bemalen, bekleben, mit einer Technik bearbeiten oder mit Federn, Knöpfen etc. dekorieren. Einen Faden auf der Rückseite der Tonkartonfigur befestigen und das Motiv aufhängen oder direkt mit Klebefilm am Fenster fixieren.

3

Lustige Schnecken

Material:

• Grundmaterial
siehe S. 2/3

• Tonkarton in Gelb,
Orange, Rot, Hell-
blau, Hellgrün

• Wasserfarben in
Orange, Rot, Hell-
blau, Hellgrün

• Seidenpapier in
Orange, Rot, Hell-
blau, Hellgrün

• Motivlocher
Blume, Ø 2,5 cm

• Pompon in Weiß,
Gelb, Hellblau,
Ø ca. 1,5 cm

• Buntstift in Rot

• Zeitungspapier
als Unterlage

• Borstenpinsel

• Wasserglas

• Sieb

Vorlage 1,
Bogen A

1. Die Motivteile mithilfe des Transparentpapiers vom Vorlagenbogen abpausen, auf entsprechenden Tonkarton übertragen und sorgfältig ausschneiden.

2. Schneckenhaus mit Schnipseln: Aus Tonkarton Schnipsel reißen, nach Abbildung oder eigener Vorstellung auf das Schneckenhaus kleben und gut trocknen lassen.

3. Schneckenhaus mit Sprenkeln: Das Schneckenhaus auf die Zeitungsunterlage legen. Mit dem nassen Pinsel Wasserfarbe in Orange aufnehmen und mithilfe des Siebs Farbspritzer auf dem Schneckenhaus verteilen. Den Vorgang mit roter, hellblauer und hellgrüner Wasserfarbe wiederholen, bis das Schneckenhaus bunt gesprenkelt ist. Gut trocknen lassen.

4. Schneckenhaus mit Seidenpapierkugeln: Aus ca. 10 x 10 cm großen Seidenpapierstücken Kugeln zwischen den Handflächen formen und verteilt auf das Schneckenhaus kleben. Gut trocknen lassen.

5. Nach dem Trocknen die Schneckenhäuser auf die Schneckenkörper kleben. Mit dem Motivlocher eine Blume aus Tonkarton in passender Farbe ausstanzen, auf den Schneckenkopf kleben und mit einem Pompon verzieren.

6. Die Nase aus Tonkarton aufkleben. Augen und Mund mit Filzstift in Schwarz aufmalen. Nach Wunsch eine Wange mit rotem Buntstift einfärben.

Flauschige Schäfchen

Material:

• Grundmaterial
  siehe S. 2/3

• Tonkarton
  in Weiß, Haut,
  Rosa, Hellgrau

• Buntstift in Rosa

• Watte

Vorlage 2,
Bogen A

1. Die Motivteile mithilfe des Transparentpapiers vom Vorlagenbogen abpausen, auf entsprechenden Tonkarton übertragen und sorgfältig ausschneiden.

2. Bei den Beinen mit dem schwarzen Filzstift einen Trennstrich nach Abbildung einzeichnen und die Hufe aufmalen. Die Beine dann von hinten am Schafkörper anbringen. Den Haarschopf auf den Schäfchenkopf kleben.

3. Den Kopf auf den Körper und die rosa Nase ins Gesicht kleben. Mund, Augen und Nasenfalte mit schwarzem Filzstift aufmalen. Die Wangen mit Buntstift in Rosa einfärben und in ein Ohr eine Ohrenfalte zeichnen.

4. Wattestücke zwischen den Handflächen zu Kugeln formen und nach Abbildung als Fell auf den Schäfchenkörper kleben.

Verspieltes Häschen

Material:

- Grundmaterial siehe S. 2/3
- Tonkarton in Weiß, Gelb, Rosa, Hellgrün, Hellbraun
- Pompons in Hellblau, Ø 1 cm
- Motivlocher Blume, Ø 2,5 cm
- Filzstifte in Gelb, Rot, Blau, Grün
- Buntstifte in Weiß, Rosa

Vorlage 3, Bogen A

1. Die Motivteile mit dem Transparentpapier vom Vorlagenbogen abpausen, auf den jeweiligen Tonkarton übertragen und ausschneiden.

2. Die Hosenträger auf die Arme kleben. Aus Tonkarton in Gelb mit dem Motivlocher zwei Blumen ausstanzen und jeweils auf das untere Ende der Träger kleben. Die Hose von hinten an den Armen anbringen. Die Füße mit rosa Sohlen bekleben und rechts und links am Hosenrand befestigen.

3. Den Kopf am oberen Rand des Armteils fixieren. Die Nase im Gesicht platzieren. Die Konturen in den Ohren und die Wangen mit Buntstift in Rosa aufmalen. Mund, Haare, Augen und Nasenfalte mit schwarzem Filzstift einzeichnen. Die Barthaare mit weißem Buntstift gestalten.

4. Die Pompons auf die Blümchen kleben. Mit Filzstiften in Gelb und Blau Punkte auf die Hose malen. Die gelben Punkte mit roten Punkten umranden, die blauen mit grünen.

Tipp:
Die Hose kann auch mit jedem beliebigen anderen Muster, z. B. mit Streifen, verziert werden.

8

Fröhliche Sonne

Material:

- Grundmaterial
  siehe S. 2/3
- Tonkarton
  in Zitronengelb,
  Gelb, Rot
- Filzstifte
  in Orange, Rot
- Buntstift
  in Orange
- Wasserfarbe
  in Rot
- Pinsel
- Wasserglas
- große Kartoffel
- Schälmesser

Vorlage 4,
Bogen A

1. Das Dreieck vom Vorlagenbogen auf Transparentpapier übertragen. Alle anderen Motivteile mithilfe des Transparentpapiers auf Tonkarton übertragen, dabei Zitronengelb für den Kreis und Gelb für die Strahlen verwenden. Die Nase aus Tonkarton in Rot anfertigen. Alle Motivteile ausschneiden.

2. Den Kreis mittig auf den Strahlenkranz kleben und die Nase im Gesicht platzieren. Die Augen mit schwarzem, den Mund mit rotem Filzstift aufmalen. Die Wange mit Buntstift in Orange ergänzen.

3. Die Kartoffel mithilfe des Schälmessers halbieren. Die Dreieckschablone aus Transparentpapier auf eine Kartoffelhälfte legen und mit schwarzem Filzstift umranden. Die Schab-

lone entfernen. Mit dem Schälmesser die aufgezeichneten Linien ca. 1 cm tief einschneiden und das Dreieck erhaben herausarbeiten. So entsteht die Kartoffeldruckschablone.

4. Mit dem nassen Pinsel die Wasserfarbe cremig rühren. Die aufgenommene Farbe vom Pinsel auf das Kartoffeldreieck streichen. Das bemalte Dreieck auf eine gelbe Sonnenstrahlspitze drücken und wieder vorsichtig ablösen. Für jedes Dreieck neue Farbe aufnehmen und so alle Spitzen bedrucken. Gut trocknen lassen. Dann abwechselnd mit Filzstiften in Orange und Rot Punkte auf die Strahlen malen.

Tipp:

Das Motiv eignet sich gut, um eine A3-Sammelmappe zu verzieren.

Bunte Fische

Material:

• Grundmaterial
  siehe S. 2/3

• Tonkarton in Gelb,
  Orange, Pink,
  Hellblau, Hellgrün

• Buntstifte in
  Orange, Rosa

• Gelstift in Silber

• Prickelnadel

• Unterlage

Vorlage 5,
Bogen A

1. Die Motivteile mit Transparentpapier vom Vorlagenbogen abpausen, auf bunten Tonkarton übertragen und ausschneiden.

2. Die Fischkörper auf die Unterlage legen. Nun die aufgezeichneten Schuppen am Halbkreis entlang dicht an dicht mit einer Prickelnadel ausstechen.

3. Den Kopf mit den Flossen von hinten am Fischkörper fixieren, dabei darauf achten, dass die Schuppen nicht mit angeklebt werden. Diese werden dann hochgeklappt und die Hintergrundfarbe leuchtet durch.

4. Mit dem Gelstift in Silber Streifen und Spiralen auf die Schwanzflosse zeichnen und gut trocknen lassen. Mit schwarzem Filzstift das Auge aufmalen, mit Buntstiften in Orange bzw. Rosa die Wangen färben.

Tipp:

Die Fische beidseitig arbeiten und als Mobile aufhängen.

12

Niedliche Ente

Material:

- Grundmaterial
  siehe S. 2/3
- Tonkarton in Gelb,
  Orange
- je 2 Federn in
  Gelb, Orange
- Wollfaden in Gelb,
  40 cm lang
- 2 Perlen in Gelb,
  Ø 2 cm
- 2 Perlen in
  Orange, Ø 0,5 cm
- Filzstift in Rot
- Buntstift
  in Orange
- Klebefilm

Vorlage 6,
Bogen A

1. Die Motivteile vom Vorlagenbogen auf Transparentpapier und von dort auf entsprechenden Tonkarton übertragen und ausschneiden. Den Kopf auf den Körper kleben und den Schnabel vorne am Gesicht platzieren.

2. Das Auge mit schwarzem, Mund und Haare mit rotem Filzstift malen. Die Wange mit Buntstift in Orange aufzeichnen. Die Federn leicht überlappend auf den Entenkörper kleben.

3. Für die Beine den Wollfaden in zwei Hälften schneiden. Je eine kleine Perle auf eine Fadenhälfte fädeln und mit zwei Knoten sichern. Dann die große Kugel aufnehmen. Das andere Ende des Fadens mit Klebefilm auf der Rückseite des Entenkörpers befestigen.

Pfiffiger Clown

Material:

- Grundmaterial
  siehe S. 2/3
- Tonkarton
  in Weiß, Haut,
  Gelb, Flieder,
  Rot, Hellgrün
- Schaschlikspieß
- Chenilledraht
  in Flieder, Lila,
  Türkis, Hellgrün
- Satinband in
  Lila, 1 cm breit,
  50 cm lang
- Seidenpapier
  in Orange
- Filzstifte in Rosa,
  Hellgrün
- Buntstift
  in Orange
- Klebefilm

Vorlage 7,
Bogen A

1. Alle Motivteile des Clowns mithilfe des Transparentpapiers vom Vorlagenbogen auf den entsprechenden Tonkarton übertragen und ausschneiden.

2. Arme und Schuhe an der Unter- bzw. Oberkante mit Klebstoff einstreichen und von hinten am Körper des Clowns festkleben. Auf die Schuhe mit Filzstift in Hellgrün Streifen aufmalen.

3. Die weiße Mundpartie auf den Kopf kleben. Die Nase aus rotem Tonkarton im Gesicht platzieren. Die Augen mit schwarzem, den Mund mit rosa Filzstift aufmalen. Die Wangen mit Buntstift in Orange nach Abbildung gestalten.

4. Den Chenilledraht auf 14 cm pro Haar kürzen, um einen Schaschlikstab wickeln, kräuseln und dabei 1 cm glatt lassen. So acht Haare arbeiten, nach Abbildung anordnen und mit dem glatten Stück von hinten am Kopf mit Klebefilm befestigen. Den fertigen Kopf oben auf den Körper kleben.

5. Aus dem Satinband in Lila eine Schleife binden, die Enden schräg abschneiden und unterhalb des Kopfes auf den Körper kleben.

6. Das Seidenpapier in ca. 10 x 10 cm große Stücke reißen und zwischen den Handflächen zu Kugeln formen. Etwa 15 Kugeln verteilt auf den Körper kleben.

Tipp:

Der Clown sieht auch lustig aus, wenn die Kugeln aus verschieden farbigen Seidenpapierresten geformt werden.

Rote Rakete

Material:

- Grundmaterial
  siehe S. 2/3
- Tonkarton in
  Gelb, Rot, Blau,
  Hellgrün
- Chenilledraht
  in Gelb
- Prickelnadel
- Unterlage

Vorlage 8,
Bogen B

1. Die Motivteile mit Transparentpapier vom Vorlagenbogen auf Tonkarton übertragen und ausschneiden. Den Kreis für das Fenster auf den Raketenkörper zeichnen.

2. Den Tonkarton auf die Unterlage legen und mithilfe der Prickelnadel die Kreislinie einstechen. Den Kreis heraustrennen.

3. Die Kappe auf die Raketenspitze kleben. Die Flügel und das Abgasrohr von hinten an der Rakete anbringen. Chenilledraht zurechtschneiden und mit etwas Abstand zueinander auf dem Raketenkörper befestigen.

Tipp:

Mit verschieden farbigem Chenilledraht wird die Rakete noch bunter.

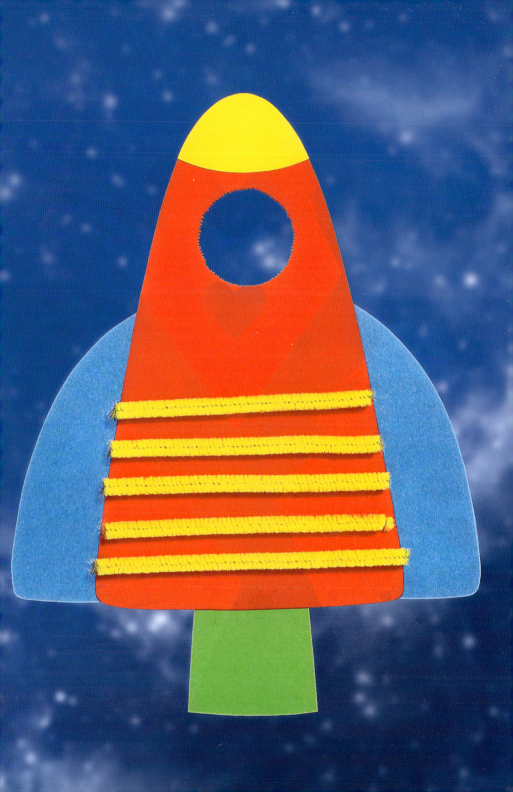

Quirlige Schlangen

Material:

- Grundmaterial siehe S. 2/3
- Tonkarton in Gelb, Orange, Hellrot, Flieder, Hellblau, Hellgrün
- Filzstift in Rot
- Buntstifte in Orange, Rot
- Wollreste mit Farbverlauf

Vorlage 9, Bogen B

1. Die Motivteile mithilfe des Transparentpapiers vom Vorlagenbogen auf Tonkarton in Hellgrün und Orange übertragen und ausschneiden.

2. Schlange in Grün: Wollfäden auf ca. 10 cm zuschneiden und mit etwas Abstand zueinander auf den Schlangenkörper kleben. Die Enden bündig zum Körper abschneiden.

3. Schlange in Orange: Tonkartonreste in verschiedenen Farben zu kleinen Quadraten reißen und dicht an dicht auf den Körper der Schlange kleben.

4. Den Schlangen ein Gesicht aufmalen, dabei die Augen mit schwarzem, den Mund mit rotem Filzstift arbeiten. Die Wangen mit Buntstift in Orange bzw. Rot färben.

Tipps:
Die Reißtechnik ist auch mit verschiedenen Papiersorten möglich. Bei der grünen Schlange kann auch ein Wollfaden am Stück um das Motiv gewickelt werden.

Quirlige Schlangen

Material:

• Grundmaterial
siehe S. 2/3

• Tonkarton in Gelb,
Orange, Hellrot,
Flieder, Hellblau,
Hellgrün

• Filzstift in Rot

• Buntstifte in
Orange, Rot

• Wollreste mit
Farbverlauf

Vorlage 9,
Bogen B

1. Die Motivteile mithilfe des Transparentpapiers vom Vorlagenbogen auf Tonkarton in Hellgrün und Orange übertragen und ausschneiden.

2. Schlange in Grün: Wollfäden auf ca. 10 cm zuschneiden und mit etwas Abstand zueinander auf den Schlangenkörper kleben. Die Enden bündig zum Körper abschneiden.

3. Schlange in Orange: Tonkartonreste in verschiedenen Farben zu kleinen Quadraten reißen und dicht an dicht auf den Körper der Schlange kleben.

4. Den Schlangen ein Gesicht aufmalen, dabei die Augen mit schwarzem, den Mund mit rotem Filzstift arbeiten. Die Wangen mit Buntstift in Orange bzw. Rot färben.

Tipps:
Die Reißtechnik ist auch mit verschiedenen Papiersorten möglich. Bei der grünen Schlange kann auch ein Wollfaden am Stück um das Motiv gewickelt werden.

Verschmitzte Igel im Herbst

Material:

- Grundmaterial siehe S. 2/3
- Tonkarton in Weiß, Rot, Hellbraun, Dunkelbraun
- ca. 6 Knöpfe in Weiß, Ø 1 cm
- 2 Knöpfe in Rot, Ø 1 cm
- Märchenwolle in Grün
- Filzstift in Rot
- Buntstift in Orange
- Wasserfarben in Orange, Braun
- Borstenpinsel
- Wasserglas

Vorlagen 10a + b, Bogen B

1. Alle Teile mit Transparentpapier vom Vorlagenbogen auf Tonkarton übertragen und ausschneiden. Zur Dekoration nach Wunsch Grashalme aus Transparentpapier zuschneiden und bunte Blätter sammeln.

2. Den Pilzkopf auf den Stängel kleben. Dann die weißen Knöpfe als Pilzpunkte versetzt darauf anbringen. Das Igelgesicht auf den Körper kleben. Anschließend alles zum Trocknen beiseitelegen.

3. Mit dem nassen Pinsel die Wasserfarben cremig rühren und die aufgenommene Farbe mit der Borstenspitze auf den Igelkörper drücken. So weitere Fellpunkte arbeiten. Gut trocknen lassen. Den roten Knopf als Nase aufkleben.

4. Mit schwarzem Filzstift Augen und Nasenpunkte, mit rotem den Mund aufmalen. Die Wange mit Buntstift in Orange gestalten. Abschließend auf der Unterseite des Igels ein Stück grüne Märchenwolle als Rasen befestigen.

Knuffiges Mäuschen

1. Alle Teile des Mäuschens mithilfe des Transparentpapiers vom Vorlagenbogen auf Tonkarton übertragen und sorgfältig ausschneiden.

2. Den Mäuschenkörper mit der Abziehtechnik gestalten. Hierfür weiße und graue Acryl- oder Fingerfarbe auf das dicke Pappstück in der Größe des Körpers aufklecksen und etwas vermengen. Den Körper aus Tonkarton auf die Farbe drücken und sofort wieder abziehen. Gut trocknen lassen.

3. Die vier Pfoten mit Abstandsband an den entsprechenden Stellen auf den Körper kleben und mit schwarzem Filzstift kleine Nägel aufmalen. Chenilledraht zur Spirale biegen und als Schwanz auf der Rückseite des Körpers befestigen.

4. Den rosa Buntstift anspitzen und die Anspitzreste auf das weiße Blatt Papier fallen lassen. Mit dem Zeigefinger in den Anspitzresten reiben und somit Farbe aufnehmen. Dann die Innenohren nach Abbildung gestalten.

5. Die Nase unten auf den Kopf kleben. Sechs Wollfäden auf ca. 3 cm zuschneiden und als Barthaare befestigen. Mit schwarzem Filzstift Augen und Mund aufmalen.

Tipp:
Der Körper kann auch mit bunten Farben gestaltet werden, dann hat das Mäuschen ein Kleidungsstück an.

Liebe Herbsteule

Material:

- Grundmaterial
  siehe S. 2/3
- Tonkarton in Haut,
  Gelb, Orange,
  Hellbraun, Dunkel-
  braun
- Wasserfarben in
  Gelb, Orange,
  Rotbraun, Dunkel-
  braun
- Buntstift
  in Orange
- Wasserglas
- Pinsel

Vorlage 12,
Bogen B

1. Alle zum Motiv gehörenden Teile mithilfe des Transparentpapiers vom Vorlagenbogen abpausen und auf die jeweilige Farbe des Tonkartons übertragen. Dann alles sorgfältig ausschneiden.

2. Mit dem nassen Pinsel die Wasserfarben cremig rühren und in folgender Reihenfolge aufdrucken: Dunkelbraun, Rotbraun, Orange, Gelb. Hierfür mit dem Zeigefinger die jeweilige Farbe aufnehmen und auf den Eulenbauch drücken. Alles gut trocknen lassen.

3. Die Flügel mit einer Schere einschneiden und mit den Fingern leicht nach oben biegen. Zuerst die dunkelbraunen Flügel auf dem Körper platzieren, dann versetzt darunter die Flügel in Orange.

4. Die Füße unten am Körper anbringen und mit schwarzem Filzstift Zehen aufmalen. Das Gesicht auf den Kopf kleben und den Schnabel platzieren. Die Wange mit dem Buntstift in Orange gestalten. Zum Schluss Augen und Mund mit schwarzem Filzstift aufmalen.

Buchtipps

Ab Juli 2007

Das Standardwerk des Bastelns
Grundlagen zu allen gängigen Kreativ-techniken

„Die große TOPP-Bastelschule" ist eine Sammlung von Grundanleitungen zu allen wichtigen und gängigen Kreativ-techniken. Zu jeder Technik stehen drei bis vier Modelle zum Erarbeiten parat. Entstanden ist ein umfassendes und bisher absolut einmaliges Grundlagen- und Nach-schlagewerk, ein „Hausbuch des Bastelns", das in keinem Haushalt fehlen sollte!

TOPP 5151 € 19,90
240 S., 21 x 28 cm, Hardcover,
Vorlagen im Buch
ISBN 978-3-7724-5151-5

Best-Preis!

PP 5135 € 9,90
 S., 21 x 27 cm, Hardcover,
lagen im Buch
N 978-3-7724-5135-5

TOPP 5138 € 14,90
320 S., 21 x 27 cm, Hardcover,
Vorlagen im Buch
ISBN 978-3-7724-5138-6

TOPP 5253 € 12,90
80 S., 19 x 26,5 cm, Hardcover,
Vorlagen und Faltskizzen i. B.
ISBN 978-3-7724-5253-6

TOPP 5038 € 19,90
144 S., 21 x 28 cm, Hardcover,
Vorlagen im Buch
ISBN 978-3-7724-5038-9

TOPP® – die ganze Welt der Kreativität!

Grundkurs mit DVD

Lernen mit DVD

Das Werk- und Ideenbuch mit komplettem Grundkurs auf DVD. Der große Ideen-pool und umfangreiche Schritt-anleitungen garantieren schnelle Erfolge!

Ab April 2007

TOPP 5053   € 12,90
60 Seiten, 22 x 22 cm, mit DVD
ISBN 978-3-7724-5053-2

TOPP 5050   € 12,90
60 Seiten, 22 x 22 cm, mit DVD
ISBN 978-3-7724-5050-1

TOPP 5052   € 12,90
60 Seiten, 22 x 22 cm, mit DVD
ISBN 978-3-7724-5052-5

Bild für Bild – die neue Generation des Bastelbuchs:
Leicht verständliche, bebilderte Schrittanleitung + Einkaufsliste zum Herausnehmen
+ Vorlagen in Originalgröße auf seperatem Vorlagenbogen = Basteln mit Erfolg!

Ab Juni 2007   Ab Juni 2007

TOPP 5800   € 9,90
48 S., 22 x 22 cm, Hardcover,
Vorlagenbogen
ISBN 978-3-7724-5800-2

TOPP 5807   € 9,90
48 S., 22 x 22 cm, Hardcover,
Vorlagenbogen
ISBN 978-3-7724-5807-1

TOPP 5802   € 9,90
48 S., 22 x 22 cm, Hardcover,
Vorlagenbogen
ISBN 978-3-7724-5802-6

TOPP 5806   € 9,90
48 S., 22 x 22 cm, Hardcover,
Vorlagenbogen
ISBN 978-3-7724-5806-4

TOPP 5801   € 9,90
48 S., 22 x 22 cm, Hardcover,
Vorlagenbogen
ISBN 978-3-7724-5801-9

TOPP 5803   € 9,90
48 S., 22 x 22 cm, Hardcover,
Vorlagenbogen
ISBN 978-3-7724-5803-3

TOPP 5027   € 19,90
132 S., 21 x 28 cm, Hardcover,
Vorlagen im Buch
ISBN 978-3-7724-5027-3

TOPP 5026   € 19,90
132 S., 21 x 28 cm, Hardcover,
Vorlagen im Buch
ISBN 978-3-7724-5026-6

TOPP 5226   € 9,90
0 S., 19 x 26,5 cm, Hardcover,
orlagen im Buch
BN 978-3-7724-5226-0

TOPP 5249   € 12,90
80 S., 19 x 26,5 cm, Hardcover,
Vorlagen im Buch
ISBN 978-3-7724-5249-9

TOPP 5118   € 12,90
132 S., 21 x 27 cm,
Hardcover, Vorlagen im Buch
ISBN 978-3-7724-5118-8

TOPP 5220   € 9,90
80 S., 19 x 26,5 cm, Hardcover,
Vorlagen im Buch
ISBN 978-3-7724-5220-8

PP 5036   € 19,90
2 S., 21 x 28 cm, Hardcover,
orlagen im Buch
BN 978-3-7724-5036-5

TOPP 6558   € 12,90
64 S., 19 x 26,5 cm, Hardcover, mit
Socken-Maßband
ISBN 978-3-7724-6558-1

TOPP 6549   € 14,90
80 S., 19 x 26,5 cm,
Hardcover
ISBN 978-3-7724-6549-9

TOPP 6560   € 12,90
108 S., 21 x 27 cm,
Hardcover
ISBN 978-3-7724-6560-4

PP 6561   € 12,90
8 S., 21 x 27 cm,
ardcover
BN 978-3-7724-6561-1

TOPP 6557   € 12,90
64 S., 19 x 26,5 cm, Hardcover,
Schnittmusterbogen
ISBN 978-3-7724-6557-4

Ab Juni 2007

Stricken mit DVD

Dieser Socken-
Baukasten hilft
Anfängern zu ihrer
ersten Socke und
dient zugleich als
Nachschlagewerk
und Wissenskiste
für erfahrene
Sockenstricker.

TOPP 6567   € 19,90
108 S., 21 x 28 cm, Hardcover mit DVD
ISBN 978-3-7724-6567-3

Lernen mit DVD

Acryl-Malkurs
mit Martin Thomas

Die Fortsetzung!

TOPP 6206 € 19,90
88 S., 21 x 28 cm, Hardcover,
mit DVD und Kartenset
ISBN 978-3-7724-6206-1

Weitere Titel dieser Reihe:

TOPP 6200, ISBN 978-3-7724-6200
Grundkurs Neue Wege zum Acryl-
bild, € 14,90

TOPP 6201, ISBN 978-3-7724-6201
Aufbaukurs Strukturpasten & Spa
teltechniken, € 19,90

TOPP 6202, ISBN 978-3-7724-6202
Aufbaukurs Landschaften, € 19,90

TOPP 6203, ISBN 978-3-7724-6203
Aufbaukurs Aktmalerei, € 19,90

TOPP 6204, ISBN 978-3-7724-6204
Aufbaukurs Blumen & Blüten, € 19,90

TOPP 6205, ISBN 978-3-7724-6205
Aufbaukurs Mischtechniken, € 19,90

TOPP 5030 € 19,90
144 S., 21 x 28 cm, Hardcover,
Vorlagen im Buch
ISBN 978-3-7724-5030-3

Acryl

TOPP 6033 € 14,90
80 S., 19 x 26,5 cm, Hardcover,
Skizzen im Buch
ISBN 978-3-7724-6033-3

Acryl

TOPP 6032 € 14,90
80 S., 19 x 26,5 cm, Hardcover,
Skizzen im Buch
ISBN 978-3-7724-6032-6

Acryl **Best-Preis**

TOPP 5137 € 9,90
160 S., 21 x 27 cm, Hardcover,
Vorlagen im Buch
ISBN 978-3-7724-5137-9

Acryl

TOPP 6060 € 19,90
128 S., 20 x 26,5 cm, Hardcover,
Vorlagen im Buch
ISBN 978-3-7724-6060-9

Acryl

TOPP 6050 € 9,90
64 S., 19 x 26,5 cm,
Hardcover
ISBN 978-3-7724-6050-0

Aquarell

Ab Juli 2007

TOPP 6051 € 9,90
64 S., 19 x 26,5 cm,
Hardcover
ISBN 978-3-7724-6051-7

TOPP 6250 € 19,90
80 S., 21 x 28 cm, Hardcover,
mit DVD
ISBN 978-3-7724-6250-4

Fröhliche Nikoläuse

Material:

• Grundmaterial
  siehe S. 2/3
• Tonkarton in
  Weiß, Haut, Rot
• Goldpapier
• Wattestäbchen
• Acylfarbe in Weiß
• Seidenpapier
  in Rot
• Filzstift in Rot
• Watte
• Prickelnadel
• Unterlage
• Lineal

Vorlage 13,
Bogen B

1. Die Motivteile mithilfe des Transparentpapiers auf Tonkarton in entsprechender Farbe übertragen und sorgfältig ausschneiden.

2. Kopf und Körperform aneinanderlegen, den Bart über die Schnittstelle kleben und die beiden Teile damit verbinden. Die Mütze auf den Kopf und die Hände auf den Körper kleben. Ein Stück Watte zwischen den Handflächen zu einer Kugel formen und als Bommel auf die Mützenspitze setzen.

3. Ein ca. 10 x 10 cm rotes Seidenpapierstück zu einer Kugel formen und als Nase in das Nikolausgesicht setzen. Die Augen aufmalen und den Mund mit rotem Filzstift auf den Bart zeichnen.

4. Nikolaus mit Herz: Den Nikolaus auf die Unterlage legen. Das Herz auf den Nikolauskörper übertragen, den Rand mit der Prickelnadel einstechen und das Motiv heraustrennen.

5. Nikolaus mit Streifen in Gold: Mit einem Lineal Streifen von ca. 2 mm Breite auf das Goldpapier zeichnen und ausschneiden. Die Streifen mit ca. 1,5 cm Abstand zueinander auf den Nikolauskörper kleben und die Enden abschneiden.

6. Nikolaus mit weißen Tupfen: Mit dem Wattestäbchen weiße Acrylfarbe aufnehmen und Punkte auf den Körper tupfen. Gut trocknen lassen.

Tipp:
Die Nikoläuse sehen auch hübsch als Weihnachtsbaumschmuck aus. Dafür die Motive beidseitig arbeiten und mit einem Nähgarnfaden an den Tannenbaum hängen.

Herziges Rentier

Material:

- Grundmaterial siehe S. 2/3
- Tonkarton in Hellbraun, Dunkelbraun
- Bastelfilz in Rot, Dunkelgrün
- Perle in Rot Ø 1,5 cm
- Filzstift in Rot
- Wasserfarben in Rotbraun, Dunkelbraun
- Wasserglas
- Pinsel

Vorlage 14, Bogen B

1. Die Motivteile mit Transparentpapier vom Vorlagenbogen abpausen, auf Tonkarton übertragen und sorgfältig ausschneiden.

2. Die Formen für die Decke und das Herz mit schwarzem Filzstift auf Filz in entsprechender Farbe übertragen und ausschneiden. Die Beine von hinten an den Körper kleben. Die Hufe in Schwarz aufmalen.

3. Mit dem nassen Pinsel beide Wasserfarben cremig rühren. Nun mit dem Zeigefinger in die Farbe tupfen und die aufgenommene Farbe auf den Rentierkörper drucken. So den gesamten Körper gestalten. Alles gut trocknen lassen.

4. Die grüne Filzdecke auf den Rentierrücken kleben und mit dem roten Herz schmücken. Das Geweih von hinten an den Kopf und diesen auf den Hals kleben. Den Mund mit rotem Filzstift aufzeichnen und die Perle als Nase anbringen.

Tipp:

Das Rentier eignet sich auch hervorragend für eine große Weihnachtskarte. Dafür Tonkarton in Dunkelgrün, Größe A3, mittig zu einer Klappkarte falten. Auf die Vorderseite das Rentiermotiv kleben und mit einem Goldstift „Fröhliche Weihnachten" darüber schreiben.

Impressum

Fotos und Styling: Fotostudio Fittkau

Redaktion: Franziska Schlesinger

Lektorat: Claudia Schuh

Umschlaggestaltung: Yvonne Rangnitt-Voigt

Satz: GrafikwerkFreiburg

Reproduktion: Meyle + Müller GmbH & Co. KG, Pforzheim

Druck und Verarbeitung:

Ömür Printing, Istanbul

ISBN 978-3-8388-3345-3

Art.-Nr. CV3345

4. Auflage 2014

© 2011 Christophorus Verlag GmbH & Co. KG, Freiburg

Kreativ-Service

Sie haben Fragen zu den Büchern und Materialien? Frau Erika Noll ist für Sie da und berät Sie rund um die Themen Basteln und kreatives Hobby. Rufen Sie an! Wir interessieren uns auch für Ihre eigenen Ideen und Anregungen. Sie erreichen Frau Noll per E-Mail: **mail@kreativ-service.info** oder Tel.: **+49 (0) 5052/91 18 58** Montag–Donnerstag: 9–17 Uhr / Freitag: 9–13 Uhr